MON

CANTON

PARIS

GAUGUET-DEBLOIS

7, Rue Suger, vers le milieu de la rue

Près la place Saint-André-des-Arts et la fontaine Saint-Michel.

—

1880

MON CANTON

MON

CANTON

* * *

PARIS

GAUGUET-DEBLOIS

7, Rue Suger, vers le milieu de la rue

Près la place Saint-André-des-Arts et la fontaine Saint-Michel.

—

1880

MON CANTON

I

Il est formé de vingt-trois communes, et a pour chef-lieu une petite ville de 3,946 habitants. Sa superficie est de 32,783 hectares. Vingt-six mille trois cent seize sujets de la République, presque tous agriculteurs et propriétaires, l'habitent. L'industrie y est représentée par quelques fabriques de soie, échelonnées sur les cours d'eau qui l'arrosent. Les statistiques électorales lui donnent 16,138 électeurs, platoniques pour la plupart, car on ne relève guère autour des urnes, depuis plusieurs années, qu'un chiffre de huit à neuf mille votants.

Quelques anthropologistes de mérite et du crû les disent issus de pure race celtique. Une certaine conformité — qu'ils ont déclarée indiscutable — entre les crânes contemporains et les crânes trouvés dans les nombreux dolmens qui peuplent ses landes, les a amenés à cette conclusion. Il n'y a guère douté que sur leur qualité de *brachicéphale* ou de *dolichocéphale* ; mais ce n'est là qu'un futile détail, lequel n'entache en rien l'antique origine. Il est à croire, cependant, que César et ses légions, et huit ou neuf siècles plus tard les Sarrazins, modifièrent quelque peu cette conformité crânienne.

Coupé en deux zones bien distinctes, sa partie méridionale a l'olivier, la vigne, le mûrier, et dans les anfractuosités de ses roches calcaires ou sur ses landes couvertes de thym, le grenadille, le térébinthe, le caroubier. Sa partie septentrionale a d'épaisses forêts de châtaigniers, dont la verdure moutonne sur les pentes, et s'échappe parfois le long des ravines comme une coulée de bronze florentin en fusion ; puis les pins et les hêtres, et au-dessus, les grands plateaux de ses montagnes où, l'été, les troupeaux de la plaine viennent paître l'herbe fine et parfumée.

S'il n'appartient pas tout-à-fait à la contrée qui a vu Pétrarque et M. Naquet, il fut cependant jugé assez méridional pour figurer en 1870 dans la *Ligue du Midi*, auprès de laquelle il avait — sans s'en douter — un délégué.

Campé sur le foyer refroidi de ses volcans à demi-éteints, il se chauffe comme un frileux à l'ardent soleil de la Provence dont les reflets colorent ses collines.

Le regretté M. Beulé disait que pour bien apprécier le caractère et les mœurs d'un peuple, il fallait tenir compte de son état électrique, de sa situation climatérique. C'est en souvenir de cette pensée que je donne sur *mon canton* les détails qui précèdent, lesquels n'ont guère que cette excuse pour ne pas paraître oiseux.

Je ne saurais dire, par exemple, quel rôle il joua sous les Celtes, ses premiers habitants connus; s'il fut clan, famille ou tribu, républicain ou monarchiste; quelle place il occupa dans la confédération gauloise; si, patriote, il fut contre

César avec Vercingétorix, ou si, opportuniste, il se rallia au parti triomphant.

Sous les Carlovingiens, il dut être absorbé dans un de ces grands fiefs militaires dont le vainqueur récompensa ses lieutenants, et pendant tout le moyen-âge, il combattit, sous la bannière féodale, tantôt l'Anglais qui envahissait la province, tantôt le baron voisin, en guerre avec son seigneur. Il fut peut-être avec la Ligue, peut-être avec le Roi ; peut-être préféra-t-il la messe au prêche, peut-être le prêche eut-il ses préférences. Cela est de peu d'intérêt dans l'espèce. Ce qui paraît certain, c'est qu'après force batailles pour la défense de son sol, des intérêts de ses seigneurs et de ses petites libertés personnelles qu'il arrachait, lambeau par lambeau et de demi-siècle en demi-siècle, à ses maîtres, 89 le trouva à peu près satisfait, possesseur du sol aux trois quarts et royaliste.

Cela s'explique par la situation toute particulière de la noblesse dans le pays.

Mon canton comptait à cette époque une quinzaine de petits gentilshommes presque tous de vieille race, nés sur le sol, possesseurs d'un château qui — à part quelques rares exceptions — ne différait guère des maisons des riches propriétaires que par ses tours ou ses machicoulis à moitié ruinés, et dont le comfort était assurément inférieur à celui de certaines maisons bourgeoises de la *ville* voisine. Ces gentilshommes, qui se paraient de l'habit de soie, du tricorne galonné, de l'épée de parade, une fois l'an, à l'époque des *Etats* de la province et des fêtes qui les accompagnaient, vivaient toute l'année sur leurs terres, de la vie de leurs paysans, exploitant leur châtaigneraie ou leur vigne, n'ayant conservé de leurs prérogatives seigneuriales que le droit de chasse qu'ils prisaient très-haut, et qu'ils partageaient cependant assez facilement avec leurs vassaux, pour peu qu'ils fussent habiles tireurs.

De cette vie commune, de ce contact continuel, il était résulté bien des intérêts communs Le seigneur était parfois le débiteur du roturier ; des associations agricoles se formaient entre eux, et souvent aussi des liens — légitimes ou non — rattachaient d'une façon intime le village au château.

Il y avait à peine trace de ces droits féodaux, exercés ailleurs — notamment dans le Nord — avec cruauté parfois, avec rigueur presque toujours, et qui expliquent les excès populaires dans ces contrées où les exactions et l'oppression étaient la conséquence de l'existence ruineuse des grands seigneurs à la Cour.

En 1789, le bagage d'idées politiques qui avait pénétré dans *mon canton* était bien léger. Il ignorait jusqu'au premier mot de la *fraternité des peuples*, du *droit au travail*, de *l'hypothèse d'un Dieu créateur*. Il vivait et avait toujours vécu, sur deux idées : l'idée religieuse, représentée par son curé et son église, son pasteur et son temple ; l'idée de patriotisme et d'autorité, qui s'incarnait dans le représentant quel qu'il fût du Roi : gouverneur civil ou militaire, magistrat, etc., et dans la personne même du Roi, qu'il entrevoyait comme un être presque surhumain, dans un lointain lumineux. Il y avait là une unité de caractère national que rien n'avait pu altérer jusqu'alors.

Ce qui ne l'empêchait pas de s'agiter parfois violemment dans la petite place qui lui était faite, afin de l'agrandir, d'avoir plus de part au soleil et plus de liberté dans ses mouvements. Mais dans ses révoltes, il réservait le fond, tenant toujours en grand respect le prêtre et le Roi, ces deux détenteurs de l'autorité divine et humaine.

Aussi la *grande Révolution* qu'il avait accueillie avec une certaine satisfaction quand elle abolit la corvée, supprima la dîme, décapita les colombiers, commença-t-elle à l'effrayer, quand, perdant ses airs de réforme, elle s'attaqua au principe, promulgua la Constitution civile du clergé, emprisonna le Roi et déclara vouloir le juger. Jusque-là, il s'était peu inquiété de l'avenir. Comprenant d'instinct qu'on travaillait pour lui, qu'on accomplissait dans son intérêt de grandes choses, il laissait faire, aidant un peu au besoin.

Rien d'ailleurs de ce qu'il voulait conserver n'était encore en péril : l'église restait ouverte et l'on y célébrait sans trouble les offices divins ; le Roi était toujours sur son trône ; mais quand la logique de la Révolution ferma l'église, persécuta le prêtre et tua le Roi, il la combattit ouvertement comme une ennemie. Son intelligence, accessible à certaines réformes, à certains progrès, ne pouvait concevoir d'autres principes que ceux sur lesquels il vivait traditionnellement depuis des siècles : la Religion et la Royauté.

Il *chouanna*, fut mis hors la loi, amnistié et disparut avec ce vieux monde, où Dieu, le Roi et la France étaient indissolublement liés et dont il était la dernière expression. Il ne pouvait pas plus vivre dans l'élément des idées nouvelles que ne pourrait vivre hors de l'eau, un poisson, hors de l'air, un oiseau.

Ce que la conquête matérielle, le triomphe de la force accomplissaient aux époques primitives —l'extinction de la race vaincue par la race conquérante — le triomphe de l'idée, la conquête intellectuelle plus encore que l'échafaud, l'accomplirent à cette grande et triste époque.

Je ne prétends pas dire que dans *mon canton*, le sans-culotte fut inconnu. Quoiqu'en minorité, il y joua au contraire un rôle important. Agent et protégé des *Sociétés* de la ville voisine, il s'empara de l'autorité, l'exerça tyranniquement, mit lui-même le feu au château, ferma l'église et traqua le prêtre que les braves gens cachèrent à tour de rôle.

Il n'a fallu rien moins que le *Quatre-Septembre* et les événements de ces neuf dernières années pour tenter sa réhabilitation dans l'opinion publique, qui, à tort où à raison, avait comme noté d'infamie ses descendants.

Sous l'Empire, *mon canton* se battit un peu partout : tantôt en Prusse, tantôt en Espagne, tantôt en Russie. Et je dirai — chose qui semblera peut-être étrange à ceux qui me lisent — que jamais il n'y eut moins de patriotisme local qu'à cette époque. Tout s'était incarné dans un homme que ses contemporains et surtout ses soldats n'étaient pas éloignés de considérer comme un demi-dieu. Il résumait tout : patrie, honneur, gloire. On s'était grisé de lui ; on ne vivait que pour lui, le pays ne venait qu'en seconde ligne. Et si, plus souvent que dans d'autres temps, on entendit résonner ces mots sonores de FRANCE et de PATRIE, ce ne furent que les accents faux de ce faux patriotisme qui venait de naître, et qui prit à son baptême le nom de « chauvinisme. »

Mais le souvenir de l'homme domina l'époque. Sa gloire effaça les ruines sanglantes qu'il avait préparées, et son nom resta sacré dans les mémoires. Quarante ans plus tard, ce culte devait créer un second Empire et un nouvel Empereur.

Désormais l'homme de la vieille France était bien mort.

Il s'était émietté. La trinité de croyances qui constituait son être moral s'était divisée et détruite. Il y avait maintenant l'homme qui aimait le Pays sans Dieu et le Roi ; celui qui aimait le Roi sans le pays ; celui qui aimait Dieu sans le pays et le Roi.

Mon canton vit alors des bonapartistes qui déclarèrent que le Roi était l'ennemi direct de la Nation, des royalistes qui affirmèrent que sans le Roi, la France n'existait pas ; des républicains — héritiers de 93 — qui professèrent que le Roi et le Prêtre étaient deux *chancres* qui rongeaient le corps social.

Ne sachant plus à qui entendre, tiraillé par toutes ces affirmations contradictoires qui bouleversaient son sens moral, rencontrant à droite, à gauche et au centre, des parents, des amis, le paysan ne crut bientôt plus à rien en politique. Il resta cependant religieux et monarchiste, mais par besoin de sécurité personnelle : l'instinct de conservation lui faisant comprendre que le désordre serait là où ne se trouverait plus ni chef spirituel, ni chef temporel. Il avait un roi, son curé n'était pas persécuté ; il vécut tranquille pendant un demi-siècle, devenant sceptique sans le savoir, pratiquant la chose sans connaître le mot, et n'ayant qu'un objectif : l'augmentation de son bien-être matériel, l'étendue de ses jouissances.

A cette époque, calme et prospère, la famille rurale encore constituée — aujourd'hui elle ne l'est plus — était organisée d'une façon uniforme dans toute la contrée.

Tout le monde travaillait dans le domaine sous la direction et l'autorité absolue du père. Dans les familles aisées, on échappait à la conscription en *achetant un homme*, en faisant à l'aîné un *remplaçant* ; dans les familles pauvres le remplaçant reconstituait fort souvent le bien-être des vieux parents en leur abandonnant le prix de son remplacement. A la mort du père ou lorsque l'âge ou les infirmités le rendaient impropre au travail, l'*aîné*, marié dans la maison et avantagé de la *quotité disponible* (je vais parler comme un notaire) lui succédait et *faisait les affaires*. Son autorité n'était presque jamais contestée par ses cadets, et la mère elle-même le reconnaissait comme le chef de la famille.

Il fallait, condition essentielle de prospérité, vivre matériellement sur le *bien*, lequel par la variété de ses productions, rendait cette obligation aisée. Il donnait avec ses oliviers ou ses noyers l'huile pour l'année ; avec ses maigres pâturages, quelques chèvres, un petit troupeau parfois, une vache ou deux ; avec son bois de châtaigners, de beaux porcs qui, vendus au marché voisin, fournissaient le ménage, en y joignant le produit de la basse cour, de linge et d'habillements. Le vin s'échangeait contre le blé que le pays, tout en coteaux, ne pouvait fournir, et le produit de la grande récolte — les cocons — donnait l'argent comptant, avec lequel on mariait au-dehors filles et garçons, ou bien formait l'épargne, qui servait à l'agrandissement du domaine.

Il traversa ainsi la Restauration. Un choc — 1830 — vint troubler sa tranquillité. Une sombre nouvelle lui arriva : « Paris venait de chasser le Roi. » Un roi nouveau remplaça le roi chassé ; il se rendormit rassuré. Un instant il avait craint la République. Il avait un Roi, il ne demandait pas autre chose, peu lui importait qu'il s'appelât Charles, Philippe ou Louis, qu'il fût légitime ou usurpateur.

Pendant dix-huit ans, il vécut satisfait, vendant bien

ses denrées, sa soie, s'enrichissant ; mais un coup de tonnerre vint bouleverser son ciel, sans nuages apparents. Cette fois, c'était bien la République et il fallait aviser. Il n'hésita pas à se déclarer son ennemi, et usa avec empressement de l'arme qu'elle venait de lui donner — le suffrage universel — pour la renverser. Les *quarante-cinq centimes* l'avaient exaspéré, et ce mot de République fut, jusque dans les plus humbles et les plus reculés hameaux, comme le symbole de la destruction, de l'anarchie et du partage. Il acclama Napoléon III pour deux causes : parce qu'il s'appelait NAPOLÉON et parce qu'il le préservait — croyait-il — de la *Sociale*.

Le danger éloigné, et se sentant gouverné — son idéal politique — il ne s'inquiéta plus d'autre chose, nomma le conseiller général, le député que lui désigna le sous-préfet, et vendit pendant vingt ans ses châtaignes, son vin et sa soie à un prix qui le convainquit que le gouvernement sous lequel on vendait *si cher* était évidemment le meilleur des gouvernements.

Au milieu de tout cela, sa fibre chauvine avait été agréablement chatouillée. Ses conscrits étaient revenus héros, qui de Crimée, qui d'Italie, racontant les gloires de l'*Alma* ou de *Sébastopol*, les triomphes de *Magenta* ou de *Solférino*, *quorum pars magna fuere...*

Aussi, au plébiscite, toutes ses communes donnèrent-elles au régime impérial un OUI unanime, à l'exception cependant du chef-lieu, où fermentait toujours, au sein d'une bourgeoisie formée en majorité d'ambitieux ou de déclassés, un levain de mécontentement.

Le « réveil libéral » de 1863 l'avait trouvé plein de méfiances. Il flairait une république au bout de cette agitation, et l'ombre même de la république l'effrayait : il songeait à ses denrées, à sa soie… aussi vota-t-il de plus belle pour le candidat officiel.

La funeste déclaration de guerre de juin 1870 ne produisit pas l'impression qu'on pouvait craindre. Après ce premier moment de stupeur que cause toujours un événement grave et inattendu, après un rapide examen fait autour de lui et sur les conséquences directes que pouvait amener le nouvel état de choses, *mon canton*, se rappelant la Crimée et l'Italie, Sébastopol et Magenta, prit bravement son parti, sacrifia son fils — de la réserve — et sans crier « à Berlin ! » comme ailleurs, fut convaincu que notre armée victorieuse s'y acheminait sans obstacles possibles. C'était pour lui une question d'étapes.

Et attendant avec confiance le bulletin de victoire daté de la capitale prussienne, il faucha tranquillement ses foins, et supputa le rendement de sa récolte de raisins et de châtaignes qui s'annonçait très-belle.

Un dimanche, au sortir de la messe, il apprit que l'armée était détruite, l'empereur prisonnier, le territoire envahi et la république proclamée.

II

On ne peut plus, quand on les a vus, oublier ces jours
d'épouvante sombre, de terreur sourde qui suivirent nos
premiers désastres. Ce fut d'abord un silence plein d'acca-
blement, un désespoir morne. Au chef-lieu, quelques ban-
des de gens de la pire espèce, conduits par un commis-
voyageur de-passage, parcoururent les rues aux cris de
Vive la République, à bas Badinguet ! Le silence de l'indifférence, du mépris peut-être les accabla ; ils se turent.
Dans les campagnes, la grandeur et l'imminence du péril
firent oublier la République. On était comme affolé. Le sentiment des distances n'existait plus ; on voyait des Prus-
siens partout : tout bruit, tout événement insolite, inexpli-
qué semblait annoncer l'approche de l'ennemi. Un instant,
cependant, les organes du nouveau gouvernement firent
briller une lueur d'espoir. « *Le tyran renversé*, disaient-
ils, la *Prusse n'avait plus de raison pour faire la guerre
à la France, rendue à elle-même* ». Malheureusement
pour tous et aussi pour la République, cet espoir ne se réa-
lisa pas. Bismark répondit en bombardant Paris. L'angoisse grandit. C'était chaque jour de nouveaux appels
d'hommes, l'annonce de nouvelles défaites.

Quels sombres et saisissants tableaux que ces lectures de

dépêches, faites le soir sur les places publiques, au milieu
des rues. Une lueur rougeâtre colorait de tons ardents la
surface du groupe frémissant, et faisait surgir de l'obscu-
rité noire des visages anxieux et enfiévrés. Les regards
luisaient, les bouches muettes se contractaient. Au-delà du
cercle lumineux, c'était un fourmillement de têtes à peine
entrevues quand un souffle de vent, attisant la flamme, la
prolongeait en jets brillants et rapides... Puis, la lecture
finie, c'était le cri d'angoisse d'une mère dont le fils avait
assisté à la bataille dont on achevait de lire le bulletin de
défaite.

L'hiver était venu, et aux douleurs morales s'étaient ajou-
tées les souffrances physiques. La République fut loin de
bénéficier de cette situation. Aux élections du 8 février, la
liste républicaine, officielle, imposée par la préfecture,
échoua avec une grande minorité. Les électeurs voulaient
avant tout des députés qui votassent la paix et qui ensuite
arrangeassent les affaires. Les républicains, il faut bien
le dire, ne répondaient pas du tout à ce programme.

Il se publiait, depuis le 4 septembre, au chef-lieu, une
petite feuille cramoisie dans laquelle un avocat du crû,
chaudement enveloppé de flanelle, prêchait du coin de son
feu, la guerre à outrance.

Il faillit être lapidé aux alentours de l'urne.

La paix signée, on attendait *le reste*. Ce fut la *Commune* qui vint. A ce moment *mon canton* n'était pas républicain ; la République du reste n'avait rien fait pour l'a-
mener à elle.

Au lendemain du 4 septembre, les conseils muncipaux,
alors sans action politique, et composés généralement
d'hommes possédant la confiance de leurs concitoyens, fu-

rent brutalement dissous, et remplacés par des commis-
sions composées de gens dont le moindre défaut était de
manquer de prestige. Des inconnus, sans sou ni maille, ne
possédant pas un pouce de terre au soleil — ce qui n'est
pas une grande recommandation dans nos campagnes — furent à la tête des communes. D'autre part, la fantaisie la
plus échevelée semblait avoir présidé au choix des fonctionnaires du nouveau gouvernement : des sous-préfets notamment. On eût dit que le but caché des gouvernants était
de discréditer cette branche de l'administration.

Il arriva de Tours les types les plus étranges. Le premier
qui parut chez nous, fut un grand garçon barbu qui apparaissait tantôt en képi et en vareuse, remington au dos ;
tantôt recouvert d'une peau de bique, en bonnet fourré et
en bottes molles, avec un arsenal de revolvers de tous les
calibres, de poignards de tous les âges et de toutes les lati-
tudes. La robuste santé de ce célibataire chevelu le désignait évidemment pour la frontière, et l'appareil de dieu
Mars — avec attributs modernes — sous lequel il se mani-
festait à ses administrés, n'était pas une compensation suf-
fisante pour ces derniers dont les fils mouraient de froid ou
de faim sous Orléans ou dans Paris. Je ne parle pas d'un
juge de paix qui nous arriva un beau matin par la dili-
gence — port dû encore, je crois — avec des culottes trop
courtes, laissant bouffer les plis usés d'une ceinture rouge,
une sorte de souquenille jadis noire, le tout surmonté d'un
chapeau mou fort crasseux. Il venait directement de Tours,
et portait aussi, Dieu me pardonne ! la ceinture d'abor-
dage : poignards, revolvers, etc... Celui-là disparut quelques jours après, sans tambour ni trompette. On murmura
qu'il y avait eu erreur de nationalité... ou autre chose...
Le fait est qu'il ne fut pas même installé. La sous-préfecture

était remplie de gens inconnus la veille, ou... trop connus le lendemain ; victimes — innocentes cela va sans dire — des préjugés ou de la fortune, tous affairés, importants et indispensables.

Tous, colonels, commandants ou capitaines d'une compagnie quelconque en formation de *Massacreurs de la mort*, ou de *Vengeurs de la liberté*, et galonnés sur toutes les coutures.

Certains tailleurs durent, cette année-là, faire de bien mauvaises affaires dans mon canton !...

Le gouvernement de Tours n'eut pas la main heureuse dans le choix de ses fonctionnaires, et durant ces tristes jours, deux choses bien affaiblies déjà, mais résistantes encore dans les couches rurales : le respect de l'autorité et le prestige de l'uniforme reçurent, en présence de ces sous-préfets fantaisistes et au milieu de cette orgie de galons, une très-grave atteinte. Il est des germes de désorganisation sociale que l'avenir verra peut-être se développer, qui datent certainement de cette époque.

Ce fut comme une *mal'aria* qu'on absorba d'une façon presque inconsciente, et la génération intoxiquée en mourra peut-être.

Dans les campagnes, l'éloignement pour la République allait s'accentuant. L'état de désordre moral, de bouleversement social dans lequel on se trouvait, semblait justifier les craintes inspirées par les souvenirs — vivants encore chez les vieillards — de 93, et par ceux plus récents de 1848. Pour la troisième fois, le gouvernement républicain apparaissait avec son personnel ordinaire de révoltés contre toute autorité, de déclassés et d'ambitieux. L'épreuve paraissait décisive.

Et cependant, si jamais occasion de rendre possible ce gouvernement se présenta, ce fut au lendemain du 4 Septembre. Les événements avaient fait table rase. L'Empire, fondé sur la prospérité matérielle, avait énervé les caractères, effacé les convictions. Les anciens partis étaient tout simplement un épouvantail gouvernemental, et n'existaient en réalité qu'à l'état d'individualités, importantes et honorables sans doute, mais sans influence sur la foule. En bas, on avait oublié les Bourbons, à peine se souvenait-on du dernier roi, Louis-Philippe. Sous l'action dissolvante de l'indifférence en matière de forme de gouvernement — théorie séduisante, mais fausse ; car en politique, la forme emporte presque toujours le fond — la foi aux vieilles dynasties s'était éteinte. Les malheurs de la guerre venaient de briser le dernier lien qui attachait la nation au gouvernement déchu.

En face de cette situation, il fallait avoir pour principal souci d'amener à soi les classes agricoles, les petits propriétaires, les paysans, — cette force vive de la nation, — et dans ce but, se mettre hardiment à la tête du parti de la paix. Il fallait donner satisfaction à l'instinct autoritaire de la foule en éloignant des administrations ce personnel d'aventure qui les avait envahies dans un premier moment de désorganisation forcée ; tranquilliser les consciences en affirmant hautement que la Religion serait respectée ; rassurer les intérêts en déclarant qu'il n'y aurait que la forme politique de changée — ce qui était de peu d'importance pour la grande masse. — Mais les hommes du Quatre-Septembre ne voulurent ou ne purent pas appliquer ce programme, et la seule chance qu'ils eussent, à ce moment, d'établir la République, en démontrant par ses actes, l'excellence de son principe, leur échappa. L'Assemblée du 8 février se présenta comme une libératrice ayant deux missions à remplir : faire la paix et organiser un gouvernement.

De ces deux missions la première était accomplie; restait la seconde. M Thiers apparaissait comme l'homme le plus apte à la mener à bien. On ne pouvait douter que l'ancien ministre du dernier roi, l'homme qui avait combattu avec tant de talent et d'énergie la République de 48, ne fût un partisan convaincu de la monarchie. Avec lui on s'attendait au retour de « Philippe » (on désignait ainsi dans les campagnes les princes de la branche cadette), mais on s'inquiétait peu de la personne, pourvu qu'il vînt *quelqu'un*. Les lenteurs de « l'illustre vieillard » furent d'abord expliquées d'une façon satisfaisante : il venait de vaincre la Commune; il voulait réorganiser l'armée, l'administration, les finances... On attendit sans trop d'impatience. En somme, la situation était tolérable, surtout avec l'espoir d'en sortir prochainement. Point de crises violentes. On s'endormait presque aux assurances d'ordre, de tranquillité que ronronnait du haut de la tribune la petite voix flûtée du chef du pouvoir exécutif.

On se trouvait un peu dans la situation d'un malade qui voit succéder à des souffrances aiguës, une légère douleur devenue chronique, et qui trouvant son état relativement très-supportable, n'est plus si pressé d'en venir aux remèdes héroïques, et appréhende la moindre agitation par crainte de raviver ses souffrances.

Le matin du 25 mai 1873 les facteurs apportèrent dans toutes les communes de *mon canton* une étrange nouvelle : M. Thiers était remplacé par le maréchal de Mac-Mahon. Le pacte conclu à Bordeaux avait été violé, expliquait-on, et la Chambre avait renversé le violateur. De tout cela on comprit que M. Thiers avait manqué à sa mission de faire la monarchie, et on ne regretta pas très-vivement sa chute.

Changement pour changement, on craignait ou l'on espérait davantage dans mon village. Certaines notabilités républicaines, les plus tapageuses ou les plus ardentes, jugèrent prudent de changer de domicile pendant la nuit du 24 et ne regagnèrent leur logis que lorsque l'inutile et loyale phrase « il ne sera rien changé aux institutions existantes » les rassura sur les projets du nouveau gouvernement.

Pour les autres — ceux qui espéraient mieux — tout n'était cependant pas perdu. Un soldat — un général — était à la tête du pays. Ce n'était plus qu'une question de temps, et il n'y aurait guère que la personne du futur souverain de changée. La personnalité de Mac-Mahon, son titre de duc de Magenta, sa dignité de maréchal de France, et, par dessus tout, sa situation particulière sous le dernier règne, le désignaient clairement comme le restaurateur de l'Empire, le *Monk* du prince impérial — du *petit prince*, comme on l'appelait alors dans les campagnes.

Jamais assurément, celui qu'on nommait alors le Bayard des temps modernes n'a soupçonné les espérances que fit naître son avènement au pouvoir.

Ce fut l'année des pélérinages. *Mon canton* prit part, un des premiers, à cette manifestation religieuse qui fit croire, un moment, à la résurrection de la France chrétienne du moyen-âge. Il alla à Lourdes, plein de foi, sous la conduite de ses prêtres qui le contenaient plus qu'ils ne l'excitaient, et ne crut pas faire acte de politique en demandant à la Vierge qu'il venait implorer, un roi ; car le roi, c'était pour lui la fin des « mauvais temps », le retour de l'ordre, la reprise des affaires, le contentement pour tous.

. Les derniers mois de l'année faillirent apporter la solution désirée. Le nom du comte de Chambord fut accueilli avec une égale satisfaction. On était — à ce moment — tellement affolé de monarchie, qu'on ne s'arrêtait pas à la personne, pourvu qu'on eût la chose.

Le futur roi était d'ailleurs connu pour un prince honnête, loyal entre tous, de mœurs pures, religieux et bon, et ce n'étaient pas là des garanties à dédaigner. Quelques meneurs envoyés de la *ville*, parlèrent bien de dîme, de corvée, de serfs passant leurs nuits à chasser à coups de gaules, hors des fossés du château, les grenouilles qui empêchaient le seigneur de dormir ; mais ils furent accueillis avec des sourires si narquois, qu'il ne trouvèrent rien de mieux à faire que de se taire et partir. Outre qu'il n'y avait plus de fossés, fort peu de châteaux et presque pas de grenouilles — les pêcheurs leur faisant dans un but que l'on devine une guerre acharnée — les paysans se rappelaient que sous Louis XVIII et sous Charles X, ils n'avaient pas payé la moindre dîme, accompli la moindre corvée, et étaient restés tranquilles possesseurs de leurs champs et du toit qui les abritait.

Les journaux, avidement lus, apportaient chaque jour les progrès de la transaction. On calculait, on comptait les votes ; on était assuré, disait-on, d'une majorité de trente voix à la Chambre... C'était chose faite et l'on commençait à respirer.

Ah ! si jamais depuis le 4 septembre, on a cru à la monarchie, ce fut certainement pendant ce mois d'octobre 1873, dont les trois derniers jours virent crouler tant d'espérances.

Lorsque se répandit la nouvelle que tout était rompu — pour une lettre — ce fut un sentiment général d'incrédulité. Cette histoire de lettre ressemblait trop à un conte. On ne traite pas ainsi, disait-on, d'un trône, par correspondance, et ce n'est pas pour la couleur d'un drapeau qu'on refuse un royaume.

Mais il fallut bien se rendre à l'évidence, quand les journaux éclairèrent de leur publicité les incidents des derniers jours. L'éclatante joie des républicains et le profond abattement des monarchistes ne pouvaient plus d'ailleurs laisser aucun doute. Alors se manifesta un blâme plein d'amertume, une colère contenue contre celui qui, d'un trait de plume, venait d'anéantir de si beaux espoirs. On lui en voulait de n'avoir pu sacrifier une tradition de famille au bien du pays. La pensée qui avait dicté la lettre du 27 octobre était d'un ordre trop élevé pour qu'on pût partout la comprendre. Et dans bien des villages, on replaça au fond du *coffre*, avec un sentiment de tristesse et de dépit, le petit ballot de soie qu'on avait déjà sorti, en prévision de la hausse que devait amener la future restauration.

Cette déception fut comme le coup de grâce donné aux espérances monarchiques dans *mon canton*. De l'événement, il resta dans les esprits, avec un profond découragement, une sorte de rancune contre le prince qui n'avait pas répondu à l'appel qu'on lui adressait, et contre les monarchistes qui ne tenaient pas les promesses qu'ils avaient faites. Il y eut rupture de confiance.

La fatalité des événements avait plus fait, durant ces quelques jours, contre la monarchie, que n'eussent fait dix ans peut-être de république prospère. De l'aveu de tous, au lendemain du 27 octobre, une nouvelle campagne monarchique n'était plus possible dans le pays.

Ce découragement s'accentua de jour en jour, et les événements parlementaires qui se produisirent jusqu'au renouvellement de la Chambre, ne purent secouer cette indifférence apparente, qui n'était en réalité qu'une conviction bien établie d'impuissance.

A cela était venue s'ajouter la gravité des préoccupations matérielles : crise agricole, crise commerciale, phylloxera, maladie de vers à soie... et l'on rendait, assez injustement, il faut le reconnaître, la République seule responsable de cet état de choses.

La tristesse et l'abattement augmentaient. Dans les élections secondaires, on ne se rendait presque plus au scrutin. A quoi bon ?... Il n'y avait guère autour de l'urne que les partisans du nouveau régime, qui n'avaient garde, eux, de s'abstenir, et qui devenaient ainsi les maîtres un peu partout, quoique numériquement les plus faibles.

Mon canton vit arriver avec un certain contentement la fin de cette Chambre en qui il avait placé tant d'espoir, et qui lui avait apporté tant de déceptions. Il lui avait donné pour mandat de faire la monarchie, et son dernier acte avait été la fondation légale de la République. Il se réveilla un instant pour les élections nouvelles. C'était la première fois depuis 1871 qu'on en appelait à la nation. Mais la situation était bien changée. La caractéristique des élections de 1871 avait été la confiance des électeurs dans le résultat du vote qu'ils allaient émettre ; la conscience de leur force et de leur triomphe. Il n'avaient pas mis en doute que de cette urne, livrée si tard à leur impatience, ne sortît la fin de leurs maux. Il n'en était plus ainsi en 1876. Cette certitude du triomphe, ce but défini dans l'esprit des électeurs et qui fut leur principale force, avaient fait place à un manque de confiance en l'avenir qui n'était que trop justifié. On ne se sentait plus les plus forts et c'était plutôt pour l'acquit de sa conscience qu'avec l'espoir de vaincre qu'on déposait un bulletin conservateur dans l'urne.

Mon canton vota presque à l'unanimité pour le candidat monarchiste, qui fut élu.

Cette victoire ne l'éblouit pas. Le lendemain, il apprit que la majorité des nouveaux élus était républicaine, ennemie de ses convictions et de ses espérances. S'il fut plus abattu, il ne fut pas étonné : il était habitué à toutes les déceptions et n'espérait plus le succès.

Le changement des fonctionnaires le laissa indifférent. Le respect de l'autorité s'était considérablement affaibli dans son esprit depuis qu'il avait vu son sous-préfet le visiter en peau de bique et la pipe à la bouche.

Il ne crut pas au *Seize-Mai*, qu'il ne comprit pas, du reste, et qu'il considéra comme inutile puisqu'on n'avait pas pour but de *mettre quelqu'un*. Par acquit de conscience il réélut son député, et ne fut nullement surpris d'apprendre que la nouvelle Chambre était plus républicaine que la précédente, et que le Maréchal avait *trahi*.

III.

Près de deux ans se sont écoulés depuis le jour où, obéis-
sant à une sommation devenue célèbre, le Maréchal se
soumit, et annonça dans une proclamation bien connue,
l'avènement de l'*ère de prospérité*. *Mon canton* ne crut
pas à cette promesse qui lui rappelait trop les promesses
passées et évanouies. Depuis, il semble s'être résigné.

Et reprenant ma comparaison, je dirai qu'il est dans la
situation d'un malade auprès duquel tous les remèdes ont
échoué, qui ne croit plus aux médecins, et qui n'attend sa
guérison que de Dieu. Il s'abandonne à la souffrance, cher-
chant le moyen de vivre avec elle dans les meilleurs termes
possibles.

Il voit révoquer les fonctionnaires, les magistrats qu'il a
appris, pendant de longues années, à aimer et à estimer.
Il en est à son onzième sous-préfet depuis le 4 septembre,
et à son cinquième juge de paix : on lui dit que les juges
de son tribunal — ces juges que tous les régimes avaient
respectés, et en qui il avait personnifié l'idée de Justice,
de Droit — vont être révoqués ; il ne s'en étonne pas,
persuadé que pareil ordre de choses est le développement
naturel de l'idée républicaine. Il s'efforce de supporter sans

rien dire les petites persécutions dirigées contre son curé, son école de Frères, ses *Sœurs*, mais je ne répondrais pas de son calme si, un beau jour, la République chassait le curé, fermait l'église, et obligeait son enfant à aller à l'école du nouveau *maître*, républicain et athée.

Sur ce point, il obéit à ses instincts religieux, à la force de son éducation, chrétienne depuis des siècles : ses prêtres gardant dans l'exercice de leur ministère sacré, et dans leur conduite privée, une sage et prudente réserve.

La vie politique lui pèse. Il est fatigué de la lutte, et s'éloigne de plus en plus de l'urne électorale qu'il laisse au pouvoir de quelques ambitieux. Il regrette, en se les rappelant, ces temps pour lui paisibles et prospères, où il nommait pour député, sans trouble, sans secousse, un de ses compatriotes, habituellement grand propriétaire, qui comprenait et partageait ses besoins : où il vendait à de bons prix ses produits aux gens de la *ville*.. Sa pensée, s'égarant dans ce passé, oppose à ces champs, ces coteaux alors si beaux et si riches, ces champs dévastés, ces coteaux stériles, si désolés, si pauvres aujourd'hui... et par un sentiment dont il ne comprend pas l'injustice, il attribue à cette république qu'on n'a pas su lui faire aimer, la plus grande part de responsabilité dans cette ruine.

Malgré tout, il faudrait bien peu à la République pour le rallier à elle. Il se sent abandonné, sans direction. Les tentatives avortées, les maladresses — les fautes — du parti monarchique, l'ont lassé et découragé. Comme une armée qui a perdu la foi en ses chefs et dans la bonté de sa cause, et qui passe armes et bagages dans le camp ennemi, si on lui fait de bonnes conditions, il passerait à la République contre laquelle il n'éprouve plus qu'un éloignement d'instinct et de tradition, si la République lui garantissait l'existence de deux choses sans lesquelles il ne conçoit pas de gouvernement : la Religion et la Propriété.

Il veut que ses prêtres soient respectés et protégés, et que son champ ne soit pas exposé à devenir la proie du *partageux*, que, malgré tout, il ne cesse de redouter, et qu'il considère, au fond, comme faisant partie intégrante de toute république.

Ce peu, la République ne le fait pas, et elle semble — nos gouvernants aidant — de moins en moins disposée à le faire. On dirait au contraire que ses agents ont pour mission d'agrandir la séparation. Au lieu de dissiper les préventions, il les justifient. La guerre qu'ils ont déclarée à la Religion est plus qu'une faute, c'est une maladresse. Elle ne fera pas renaître une nouvelle Vendée — le temps des Vendée est peut-être passé — mais elle fera de tout catholique — qui se serait peut-être rallié si ses sentiments religieux avaient été respectés — un adversaire implacable, irréconciliable, du gouvernement républicain.

Et les catholiques sont nombreux ! les dernières pétitions le prouvent, quoiqu'en puisse dire M. Pelletan.

Le moment psychologique est peut-être passé.

Les derniers évènements, quelques graves qu'ils soient, n'ont pu le tirer de son indifférence. Que le Président de la République ait nom Grévy ou Dufaure, ça lui est à peu près égal aujourd'hui. Thiers et Mac-Mahon ont manqué, selon lui, à leur mission ; il sait bien que ce n'est pas d'un président républicain qu'il doit attendre la réalisation de ses espérances. A quoi bon alors s'en préoccuper. Un nom seul eût pu l'émouvoir, celui de Gambetta, mais en l'effrayant. Gambetta n'est pas pour lui l'opportuniste, l'irréconciliable réconcilié, le conservateur relatif ; il est toujours l'homme de la guerre à outrance, le chef de la république du Quatre-Septembre. Un écho du discours de Romans lui est venu, et il a compris que ce discours était une menace à la Religion.

Le Président actuel lui est inconnu. C'est un honnête homme, tout le monde s'accorde à le dire, et il le croit. Mais pour lui, il manque — qu'on me permette le mot — de *panache*. Il a vu dans l'avènement d'un avocat au gouvernement de la France et succédant à un grand chef militaire, un rapetissement. Il y avait dans cette éclatante dignité de maréchal de France, dans ce glorieux et brillant uniforme qui était comme un reflet des splendeurs passées, quelque chose qui flattait ses instincts de gloire, donnait satisfaction à son amour-propre national.

Il se sent humilié devant les autres nations.

Il ne peut comprendre un chef d'Etat en habit noir et en chapeau de soie, absolument comme son notaire un jour de contrat. Il ne se sent pas gouverné. Pour lui, *il n'y a personne*.

La mort de celui qui fut le Prince Impérial a plutôt ému son cœur que frappé sa raison.

Cette reine découronnée, cet enfant exilé, victimes expiatoires d'une sombre fatalité, éveillaient sa pitié. Cette majesté déchue lui imposait. Il a plaint sincèrement cette grande infortune et n'a rien vu au-delà ; il n'a fait à ce sujet aucun calcul politique.

Le retour des Chambres à Paris l'a laissé indifférent. A vrai dire, il n'en comprend pas l'importance. Versailles ou Paris, n'est-ce pas la même chose pour lui, et en quoi cela touche-t-il à l'existence de la République ?... Il n'est frappé que des évènements aux conséquences brutales, directes, immédiates ; il ne comprend pas les événements à longue portée.

Il aurait laissé passer sans s'en inquiéter les projets Ferry, si on ne lui avait montré qu'ils détruisent sa liberté de chef de famille, et le menacent dans l'exercice de sa religion. Alors il a signé sans enthousiasme, car il est de sa nature réfractaire à l'enthousiasme, mais froidement, délibérément, les pétitions.

Il commence à s'effrayer sérieusement de la perspective des excès révolutionnaires. L'amnistie a fait revivre dans sa mémoire le drame effrayant de la *Commune*, et dans *les veillées*, on se raconte avec terreur les histoires de la *première révolution*, « quand les prêtres se cachaient. »

Il attend sans rien espérer, résolu à se défendre si les temps deviennent mauvais. Et s'il était appelé, en ce moment, à exprimer sa volonté, il la formulerait, dans son langage, par ces mots qui sont le fond de sa croyance politique : QU'ON Y METTE QUELQU'UN.

Le Villageois.

FIN

9 782013 187633